USCHI HAMMES

SCHWARZER SAND

Gedichte

Uschi Hammes, geboren 1962 in Trier, wurde geprägt vom Leben zwischen Eifel und Hunsrück. Derzeit lebt sie mit ihrer Familie, Hunden, Schafen und Hühnern zwischen Nationalpark und Ostsee, dort, wo die Nächte noch dunkel sind und die Stille immer noch hörbar ist. Ihre lyrischen Textschöpfungen finden sich zahlreich in den sozialen Netzwerken und in Anthologien. Hammes veröffentlichte mehrere Romane und wurde mit drei Literaturpreisen ausgezeichnet.

Im Gill-Verlag erschienen von Uschi Hammes folgende Gedichtbände:

„Eingefroren im Dämmerlicht", 2019
„Wenn erste Wölfe heulen", 2020
„Schwarzer Sand", 2022

„Landschaft im Gedicht", 2022
mit Zeichnungen von Günter Ludwig

Uschi Hammes

SCHWARZER SAND

GILL
VERLAG

Gill-Lyrik
Taschenbuch-Reihe, Band Nr. 29

U S C H I   H A M M E S
SCHWARZER SAND
Gedichte

Originalausgabe

1.Auflage: Oktober 2022

Titelbild:
Peter Steves

Buchsatz:
Gill-Media

Coverdesign:
Christine Bouzrou
www.agency-of-authors.de

GILL-VERLAG Heinrich Heikamp
Neusser Straße 75, 41564 Kaarst
Verkehrsnummer: 95833
www.gill-verlag.de

Druck und Vertrieb im Buchhandel:
Book on Demand, Norderstedt

Druck Direktvertrieb Gill-Verlag:
Eisermann-Buchdruck, Bremen

TB: ISBN 978-3-926800-34-3
Ebook: ISBN 978-3-926800-35-0

Inhaltsverzeichnis

Erinnerungen an ein Jahr

Ein Blatt malt Stille
erzählt von dem Verfall.
Gedankenverloren kreisen Wortsilben
kommen näher
schließen ein
durchdringen sterbliche Hüllen
und entflieh´n.
Nichts lässt sich halten.
Kein Anspruch auf Bestand.
Katzenklosprüche vermengen sich mit Erlebtem
Carpe diem.
Am Rande der Erschöpfung nach langer schwerer Arbeit
Memento mori.
Was helfen weise Worte
wenn Kinder es längst verloren haben
das Weihnachtsleuchten ihrer Herzen.
Liebe geht eben nicht
durch das harte Brot der vergangenen Woche.
Und dann
überzeuge Deine Anvertrauten am Heiligen Abend
während Dir die Tränen in die Augen schießen
dass alles, was zählt, mit Geld nicht zu begleichen ist
derweil das Neugeborene in der Krippe
beschützt und versorgt
einen Augenblick später
mit Reichtümern der Könige überschüttet wird.
Wenn es stimmt
dass die Hoffnung als letztes stirbt
dann ist es jetzt wohl bald vorbei.

Tod eines Engels

Gedanken fallen wie Schneeflocken
Tanzen
Suchen Grund
Schmelzen.

Nun ist sie doch gestorben
Ein Engel
Zart und edel
Mit weißen Flügeln.

Die Schaukel

Das kleine Haus
erschaffen einst aus Träumen
mit bunten Wänden
in denen sich das Lachen fängt
und einer weißen Tür
die jedem
der es ehrlich meint
die Unschuld offenbart.
Gleich hinterm gelben Schuppen
ein Brett
mit Seilen links und rechts
am dicksten Ast des Kirschenbaumes fest verankert.
Dort stand vor langer Zeit ein Mädchen
erstaunlich lange still für so ein junges Kind.
Ihr Blick war uns´rer Welt entrückt
und als im lauen Wind die Schaukel sich bewegte
sah ich sie lächelnd leicht mit Glanz in beiden Augen
den Kopf zur Seite legen.
Wie wundervoll, wenn solche Augenblicke
als ein Geschenk den Menschen lebenslang begleiten
und in Momenten großer Traurigkeit und Hast
als Trost die heiße Stirne kühlen.

Morgenmeditation

Gedankenverloren im nichts
sich treiben lassen
leicht
und ohne Schmerzen.
Willenlos
dem Sinn enthoben
vom Erdenglück befreit
im Rhythmus eines größeren.
Im ersten Sonnenstrahl kehrst du zurück.
Wissend
du hast dein Werk noch nicht vollbracht.

Trost

Ich wollte dich trösten
doch es gelang mir nicht
so schwiegen wir.
Liefen den ganzen Tag
kamen an Wiesen
durch die sich ein Bach den Weg bahnte
dann in den Wald.
Ein Bussard flog über die Wipfel
eine Blindschleiche im Schnabel
Todeskampf in Nachmittagssonne.
Du schautest mich an
ich lächelte
und vielleicht dachten wir in diesem Moment
an die Taten hinter den Worten.

Am kleinen Fluss

Jetzt wird es Herbst am kleinen Fluss
der Elde.
Den ersten Sturm hat wohl sie überstanden
und buntem Laub gibt sie letztes Geleit.
Still wird es nun.
Der Kranich ruft den Abschiedsgruß
indes die Sehnsucht dieser Zeit sich in der Dunkelheit
verliert.
Vielleicht träumt uns´re Wasserstraße
vom Frühlingswind und weißen Booten
so lang bis sie im nächsten Jahr vom Eise ist befreit.

Ein Blatt treibt einsam elbewärts
und schenkt dem der die Gabe hat zu sehen
ein Lächeln in der grauen Welt.

Mittag

Am Himmel hoch kreist der Milan
die Brut ist ausgezogen in der Früh
nun hat er Zeit für sich.
Das Taubenpaar seit Jahren schon zusammen
gurrt sich in zarten Mittagsschlaf
und selbst der Wind legt sich danieder.
Ein Admiral löscht seinen Durst an angefaultem Obst.
In Lindenbäumen Bienenschwärme
sie wissen nichts vom Massensterben ihrer Völker
das Gift verteilt sich langsam in der Welt.
Ein Flugzeug rast zum Mittelmeer.
Nach vielen Monden harter Arbeit
der Sklavenlohn den voller Demut man empfängt.
Jetzt lebt der Mensch zwei Wochen so
wie der für den er schuften muss das ganze Jahr
hindurch.
Der Wetterhahn indes zeigt unbeirrbar Richtung Westen

In dieser Zeit

In einer Zeit in der wir
mehr hoffen als zu tun
mehr glauben als zu beten
und reden ohne zu wissen
da freut sich der Teufel und tanzt.

In einer Zeit in der wir
mehr weinen als zu lachen
mehr bangen als zu feiern
und hören ohne zu versteh´n
da freut sich der Teufel und singt.

In einer Zeit in der wir
mehr versprechen als zu halten
mehr geben als zu nehmen
und schauen ohne zu seh´n
da freut sich der Teufel und grinst.

In dieser Zeit
in der wir uns verkriechen
verraten verkaufen verlieren
und fühlen was die Macht uns befiehlt
da freut sich der Teufel und wartet
denn
die Früchte reifen von selbst.

Warte nicht

Verschließ die Augen und geh
Pass auf, dass du nicht stolperst
der Weg ist steinig
Die Träume verschwinden im Rauch des verbrannten
Holzes
zurück bleibt die Asche der Fantasie.
Die Glut erlischt.
Wo ist das Paradies
von dem das Christkind zu uns sprach als wir noch klein.

Vom Leben auf dem Lande I

Die Sonne erwacht heute früh
der Nebel verzog sich schnell überm See
ganz allein eine Hummel am Natternkopf.
Der Hunger scheint groß
vielleicht hat sie die Nacht draußen verbracht.
Hähne stehen am Zaun
krähen konzentriert und beobachten dabei den Himmel.
Wer ist der Schönste im ganzen Land?
Sie wissen es nicht!
Die Königin ist lange schon tot
Eine Katze schläft seit Tag im Stall.
Sie gehört nur sich selbst
verspricht nichts
nimmt gern doch ohne Dank das hingestellte Futter
und verschwindet im Heu.
Die Vögel brüten hier zweimal im Jahr.
Insekten und Körner gibt es genug
auch für die Mäuse.
Das Fell ist glänzend und weich
ihr Leben dadurch doch nicht länger.
Ab und zu blökt ein Schaf
Schaut hin zu dem Weg, den der Traktor benutzt
und kratzt sich dabei
am Stamm des alten Apfelbaumes
den Rücken.

Das Staunen

Menschen vergessend
inmitten Tausender
allein.
Ein Stück Himmel
lässt atmen
lächeln
bleibt Wolken verhangen.
Lauf!
Flieh
wie ein Fuchs gejagt von der Meute!
Renn um dein kleines leises Leben!
Plötzlich
zwischen Häuserblocks wie gewollt
eine Kapelle.
Die Pforte
leicht zu öffnen.
Du betrittst heiligen Boden
Nun ist die Zeit gekommen
ich verlasse dich
schreib mich weg aus deiner Welt.
Schau
längst hast du mich vergessen.
Was jetzt geschieht gehört nur dir

Das Spiel mit Worten

Das Spiel mit Worten
einst Zeitvertreib in kalter Winternacht
ist nun ein teuflisches geworden.
Entleert und neu befüllt
wird jeder Satz zur Wahrheit
die in der Dunkelheit genauso glänzt wie auch am Tage.
Und niemand wundert sich
weil niemand mehr an Wunder glaubt.
Verrückt die Welt
Das Volk es folgt
und nennt es Empathie der Zeit.
Ganz gleich wohin der Weg auch führt
gepflastert ist er wunderschön
mit Perlen und mit Tand.
Die Götter heißen Macht und Gier
besitzen mehr als sie tatsächlich brauchen
indes der Zweifler und der Querulant
verfüttert an die Meute
den Lohn sich selbst verdient.
Die Sklaven tragen schwere Ketten.
Wenn die Herrschenden befehlen
zieh´n sie sich selbst auch noch am Strick hin zu dem
Schafott.
Moderne Welt heißt die Devise
kein Platz für Träumer und Genießer
und Weise sind schon lang nicht mehr im Land.
Frag doch die Kinder in den Minen
die Kobalt schürfen für die Reinheit uns´rer Luft
oder die leichten Kleider nähen
in denen wir durch laue Sommernächte tanzen.
Nein frag sie nicht!
Sie haben längst gelernt zu schweigen

so lange bis ihr kleiner Körper an Gift und an
Erschöpfung stirbt.
Danach erst fängt ihr Frieden an.
Gott hat sie längst verlassen die Welt, die er einst schuf
Schlimm für uns wird es dann
wenn auch die Engel geh´n.

Vom Leben auf dem Land II

Noch hält die Nacht was sie verspricht
ist Tag längst nicht geboren.
Ein Wildschwein schnauft ganz ungeniert in dunkler
Erde.
Viel gibt es nicht
doch reicht es ihm zum Überleben.
Die Eule
kauert schläfrig vor ihrem Haus im Baum
der blasse Mond besänftigt nun ihr Jagdgemüt.
Ganz friedlich scheint es hier zu dieser Zeit
Die Mäuse kichern unterm Laub.
Ein Hase legt die Ohren an
verschwindet hektisch hin zum nahen Feld
derweil die erste Amsel laut sanfte Dämmerung begrüßt.
Die Rehe grasen auf der Lichtung
zwei Kitze gab es dieses Jahr im Mai.
Wenn sie der Jäger nicht entdeckt
werden die Mütter wohl auch den Winter übersteh´n.
Der Fuchs nun auch auf seinem Weg zum Bau
die Helligkeit wird er verschlafen.
Er hat gelernt
dass ihn der Mensch nicht mag.
Warum hat niemand ihm erklärt
weil darauf noch die Antwort fehlt.
Natürlich gibt es Wölfe hier.
Sie sind zu klug, um sich zu zeigen
solang der Mythos weiterlebt.
Auf einem Ast am Waldesrand
ein Eichelhahn
weinend.

Betrogene Welt

Wie düster doch die erste Nacht des Winters
der Sturm lässt keine Demut zu
die Furcht zu groß
und Gott ist viel zu weit entfernt.
Das Weihnachtsfest verliert sich in Geduld
Kein Stern dem irgendjemand folgt!
Kein Licht beleuchtet irgendeinen Weg!
Im Schnee die Spuren eines Kindes
verlaufen sich in Dunkelheit.

Vom Leben auf dem Lande III

Obwohl es schon Oktober ist
zieht Dämmerung ganz sanft von Osten in den Tag.
Es ist so still
nur Stubenfliegen brummen aufgeregt.
Sie lauern
kreisen
warten
und krabbeln über leergegessene Teller
der vergangenen Nacht.
Die Stare flogen gestern schon in unbestimmte Zukunft.
Sie nahmen es mit in den Süden
das Glück.
Ich sah es auf ihren Flügeln hocken.
Es lächelte ohne Erbarmen.
Es kennt die langen Winter hier noch nicht

Tod

Der Tod
er ist nicht leicht
und lässt sich Zeit.
Manchmal sogar
bis Leben unerträglich wird.
Dann steht er da
Erlöser allen Leids
der Retter
Vielleicht gefällt er sich in dieser Rolle?
Mag sein, dass es ihm auch egal!
Wenn er ein Freund
dann käme er tief in der Nacht
wenn alle schlafen.
Doch will er, dass man ihn begrüßt
im Stellenwert gleich wie das Leben
dass auch nicht leise kommt und still.
Sei ihm nicht böse.
Auch er hat sich nicht ausgesucht
das Leid und Traurigkeit ihn führen
und Trost ein Attribut der and´ren Seite ist.

Die Maske

Sie schaut dich an
fragend
Furcht erregend
findet Halt in deinem Kopf
füttert deine Angst.
Versuche zu lachen enden.
Dann irgendwann in tiefer Nacht
fallen sie über dich her
Gedanken
lange schon verdrängt.
Du stehst da
kannst den Blick nicht lassen
entdeckst
weißt.
Die Maske Teil deiner Selbst.
In der Dämmerung des Morgens
senkst du den Kopf
fällst in traumlosen Schlaf
du braver Mensch.
Du Narr!

-

Die letzte Kerze

Der Tisch fast leergeräumt
nur eine Tasse zeugt davon, dass hier einst Leben war.
Kein Krümel mehr am Boden
die Mäuse wohnen jetzt wieder im Stall.
was nützt ein Haus so ohne Nahrung.
Ganz traurig hockt die Spinne links oben in der Ecke.
Sie weiß
auch ihre Jagd wird schwerer werden.
Ein Kater schleicht vorbei und lächelt
er mag die Ruhe
Dunkelheit und Nacht
und findet, wenn es ihm beliebt
an jedem Ort eine Gespielin.
Von Einsamkeit bei im nie eine Spur!
Er hofft
der Fuchs bleibt wo er ist
im Wald.
Platz wäre hier genug
doch teilt er ihn nicht gerne.
Ein Waschbär schaut durchs trübe Fensterglas
Nichts gibt es hier was er begehrt
so trottet er von dannen
sucht weiter Futterwerk in kalter Jahreszeit.
Seit Menschen diesen Ort verließen
ist Frieden eingekehrt

Der Mond

Der Mond
er schien bedeutungslos
in dieser Nacht in der du starbst.
Ob er es wusste?
Sich ganz allein aus diesem Grund hinter die Wolken schob?
Er wollte nicht, dass du es siehst
sein Weinen.

In dieser Nacht
ganz kurz
vielleicht für einen Augenblick
warst du die Herrin aller Dinge
verstandest du den Sinn
und
nur für ihn hat sich´s gelohnt zu sein.

Die Zeilen des Dichters

Vielleicht braucht diese Zeilen
nur jener Dichter der sie schrieb
die Welt
sie braucht sie nicht.
Kein Mensch kann durch ihr Dasein
nur eine Stunde länger leben
als ihm das Schicksal zugesteht
kein Tier entgeht durch sie dem Leid
dass ihn gerad´ jetzt wird angetan
nicht mal die Blume
die zwischen Steinen zaghaft blüht
erhält den Tropfen Wasser mehr
den sie so dringend für ihr kleines Leben bräuchte.
Doch dem
der sie in dunkler Nacht auf das Papier geweint
dem schenken sie ein kleines Stückchen Frieden
und einen tiefen Atemzug.

Heiterkeit

So ist wohl der Morgen die leichteste Zeit.
Vom Schlafe erfrischt
alle Sinne geschärft
und ehe das erste Wort geformt
ein Spaziergang zum Bach.
Die Sonne befreit aus den Fängen der Nacht.
ihre Strahlen erreichen die ersten Wipfel.
Eine Amsel sitzt im Licht der Natur.
ihr Gesang begleitet das Rauschen im Wind.
Ist denn wieder Frieden?
Hier war niemals Krieg!
Der Bach plätschert lustig.
ganz gleich wieviel Stein ihn zu Umwegen zwingt
sein Ziel ist der Fluss ganz weit unten im Tal.
Entspringt nicht die Heiterkeit diesen Gesetzen
das Sein und Vergehen im Rhythmus sich wiegen
wie Frühling und Sommer der Herbst und auch Winter
die nur eine Botschaft verkünden
LEBE.

Die neue Schrift

Ich musste sie erfinden
die neue Schrift
verstanden hat die Alte keiner mehr.
Gesprochen wurde viel
doch was dazu in Büchern stand
erklärte sich nur noch Gelehrten
Der Mensch
er wollt´ ein bess´rer werden
die Zeit
längst war sie reif dafür.
Nicht neue Worte mussten her
doch and´re Zeichen!
Die Alten wären wohl genug gewesen
doch blieb der Sinn des Wohlbekannten
den Lesern schlicht verborgen
Vielleicht hilft meine Art der Kunst
vielleicht hält er dann kurz den Atem an
und wird sich seines Seins bewusst
der Mensch.
Und
wenn er lange braucht die Studie zu entziffern
stellt er derweil nichts Böses an.

Der Brief

Der letzte Schrieb aus deinen Händen
verzaubert hat er mich wie sonst nur Liebe es vermag
vergilbt schon das Papier
und an den Rändern eingerissen und verschmutzt.
Längst kennt mein Kopf die Worte jeder Zeile
wie ein Gedicht, das man schon viele Male hat gehört
Bin ich tieftraurig tröstet er
bin ich verzweifelt streicht er zart mir übers Haar.
Im Sommer wenn das Leben leichter
umweht als lauer Wind er meinen Sinn.
Gar manches Mal hör´ ich dich durch ihn lachen.
Wenn dann in kalter Jahreszeit
Melancholie wie Nebel auf die Seelen sinkt
und Kerzenschein Gedanken weckt
an Lichter uns´rer Mutter Erde
die ausgelöscht im harten Boden sind begraben
dann bin ich froh nicht ganz allein zu sein.
Was werd´ ich machen mit dem Brief
wenn mich der Tod einst sanft berührt?
Dann wird es niemanden mehr geben
der dich bei deinem Namen nennt
Bevor ich ihn mit meinen liebsten Dingen
auf einen Haufen werfe und verbrenne
werd´ ich das Blatt heute Nacht zerknüllen
und auf den dunklen Kacheln mit fremden Katzen
spielen.

Morgenmeditation

Gedankenverloren im Nichts
sich treiben lassen
leicht
und ohne Schmerzen
willenlos
dem Sinn enthoben
im Rhythmus eines Größeren
vom Erdenglück befreit.
Im ersten Sonnenstrahl kehrst du zurück
wissend
du hast dein Werk noch nicht vollbracht.

Ein ganzes Leben
tatsächlich war es nur ein Wort:
FRIEDEN

Seniorenresidenz

Ist nicht das Wort allein schon Hohn?
Manchmal da denkst du noch daran
ganz kurz erwacht dein Herz
erinnert sich
doch deine Augen bleiben leer
spiegeln vergitterte Fenster.
Wer hier wohnt der lernt
Gnade ist ein Geschenk des Himmels
Tod die Erlösung.

Das Spiel

Das Spiel mit Worten
einst Zeitvertreib in kalter Winternacht
ist nun ein teuflisches geworden.
Entleert und neu befüllt
wird jeder Satz zur Wahrheit
die in der Dunkelheit genauso glänzt wie auch am Tage.
Und niemand wundert sich
weil niemand mehr an Wunder glaubt.
Verrückt die Welt
Das Volk es folgt
und nennt es Empathie der Zeit.
Ganz gleich wohin der Weg auch führt
gepflastert ist er wunderschön
mit Perlen und mit Tand.
Die Götter heißen Macht und Gier
besitzen mehr als sie tatsächlich brauchen
indes der Zweifler und der Querulant
verfüttert an die Meute
den Lohn sich selbst verdient.
Die Sklaven tragen schwere Ketten.
Wenn es die Herrschenden befehlen
zieh´n sie sich selbst am Strick hin zum Schafott.
Moderne Welt heißt die Devise
kein Platz für Träumer und Genießer
und Weise sind schon lang nicht mehr im Land
Frag doch die Kinder in den Minen
die Kobalt schürfen für die Reinheit unsrer Luft
oder die leichten Kleider nähen
in denen wir durch laue Sommernächte tanzen.
Nein frag sie nicht!
Sie haben längst gelernt zu schweigen
so lange bis die kleinen Körper an Gift und an
Erschöpfung sterben

Danach erst fängt ihr Frieden an
Gott hat sie längst verlassen
die Welt die er einst schuf
Schlimm wird es dann
wenn auch die Engel flieh´n.

Herbst I

Das Licht ist fort
die Vögel nahmen es mit in den Süden
und auch das Glück zog davon.
Es war noch nie ein Freund der Dunkelheit.
Die Schreie der Eule Totengesänge.
Der Kauz ruft die Mächte der Finsternis
doch sie gehorchen seit Urzeit nur sich selbst.
Im Burghof ein Schatten
ein Gespenst vielleicht?
Und dort am Himmel ein erster Blitz.
Noch immer kein Tag
Gedankenverfangen in Endlosigkeit.
Heute wird es wohl trübe bleiben

Lieder der Erde

So lausche denn den Klängen der Welt
Den leisen wie auch den lauten
den starken wohl
und ebenso den schwachen.
Höre Geschichten
von dem wie es war
und forme Worte im jetzt.
Morgen erwachsen daraus Taten.

Menschen

Wenn Menschen nicht mehr denken wollen
nur noch handeln.
Nach Pawlow´schen Gesetzen betteln
und selbst nicht wissen, dass sie´s tun
dann
folgen sie auch irgendwann den Rattenfängern.

Das Gleichnis

Das Gleichnis von der Kerze und dem Leben–
Die Sehnsucht nach der Helligkeit des Lichts –
Der Wärme Schein und ewig das Bestreben –
Der Glaube oder doch nur Dunkelheit im Nichts.

Der Tod, der uns zur Seite steht und lehrt –
Das alles was man sich tagsüber auch verwehrt –
Niemals erneut zu meistern ist.
Versuch es mit Gewalt mit List –
Vorbei heißt weg heißt unerreicht –
Nichts gibt es was dem andern gleicht.

Wut

Gefangen in Gedanken deiner Ahnen
zerfrisst dich Geschichte, die nicht deine ist.
Fühlst du nie erlebtes
hasst du
weinst du
verzweifelst an Unvorstellbarem.
Geblendet vom Licht der Rache
rennst du im Würfel der Erinnerung gegen Wände
tobst du
schreist du
liegst am Boden
und suchst wieder einmal Gründe deiner Machtlosigkeit.

Angstlos

Wenn jeder hätt´ ein Stückchen Liebe
das er verschenken könnte wie´s ihm passt
gerad´ jetzt
in dem Moment wo man sich trifft
an eine Seele die es braucht
wär´ sie unendlich
hätte Flügel
und niemand spräche mehr von Angst sie zu verlier´n.

Das einsame Land

Die Tage still wie jene Nächte
in denen Weihnachtslieder einst geschrieben.
Nur wer hier lebt
fühlt tief im Herzen
was Dunkelheit bedeutet und was Licht.
Schaut übers weite Land
und findet immer nur sich selbst.

Der letzte Freund

Ganz leise wird es jetzt im Winter
wenn früh die Dunkelheit uns überrascht
umschließt wie eine Decke voller Wärme
und Pflanzen stumm auf Frühling warten
während das Licht des kalten Mondes
dir scheint als letzter guter Freund.

Damals

Weißt du noch
wir sammelten Holz.
Das Feuer war nicht groß
die Glut jedoch so heiß
wie sonst nur Höllenfeuer es vermag zu sein.
Von Fern der Schrei der Eule
Jagdfieber ringsumher.
Die Schattenteufel tanzten.
Sie spielten mit der Dunkelheit der Welt.
Und wir
wir waren eins.

Der Tag der heiligen Barbara

Nun ist es still im alten Haus
Nur ab und an knarrt eine Diele
das Holz muss atmen sagt man dann.
Eine Maus saß am Morgen in der Futtertonne.
Gefangen zwar im Paradies
fraß sie jedoch kein einz´ges Korn.
Das sollte uns zu denken geben!
Ich ließ sie laufen.
Ansonsten nicht vieles zu berichten.
Keine Kirschzweige mehr in Vasen
den Weg zu erleuchten in gute Zeiten
zu erblüh´n bei Jesu Geburt.

Zwischen den Jahren

Zwischen den Jahren
schwankt das Gemüt
im Wechsel von Liebe und Leid.
Neu ist der Zweifel
wenn er sich paart mit alter Hoffnung.
Rauhnacht weckt Wesen der Dunkelheit.
Sie greifen nach großen Gefühlen.
Jetzt bewahre dein Herz!
Pass auf dich auf!
Nun wird es sich zeigen
wie stark der Glaube wirklich ist
auch er hat nicht nur gute Seiten.
Reißt er den Menschen in ewige Nacht?
Erhebt er ihn zum Licht seiner Sehnsucht?
Dazwischen wird die Antwort liegen.
Doch wenn der Schlaf dir Ruhe schenkt
dann reicht, um böses aus der Welt zu treiben
ein Lächeln.

4. Advent

Ich habe einen Stern gebastelt
heut´ in der Früh in aller Ruh.
Ganz kalt die Hände noch
von dem Spaziergang durch den Wald.
Ich weiß es nicht warum gerad´ jetzt
vielleicht möcht´ ich die Dunkelheit vertreiben
die in den langen Wintern uns´re Seelen quält.
Womöglich denk´ ich auch an dich
und jede Zacke birgt den Grund
weshalb ich dich vermiss´.
Es tut mir gut zu glauben, dass Du´s fühlst
mir näher bist als in dem Rest vom Jahr.
Es macht mich froh
der Arbeit meiner Hände zuzuschau´n
und wenn ich gleich die 4. Kerze werd´ entzünden
erblicke ich getrübt durch Tränen in den Augen
dein Lächeln Strahlen deine Güte.
So schenkt der Stern und auch das Licht und Erdenwesen
ein kleines Stück von Deiner Ewigkeit.

Januar

Kerzenschein
mitgenommen aus dem was war
hin zu unbekanntem Sein.
Wie sanft er sich spiegelt
im leeren Glas auf großem Tisch.
Grüble nicht!
Du hattest versprochen die Schwermut im Alten
zurückzulassen.
Doch was gilt Versprechen
wenn das Herz dazu schweigt.
So vieles nie gesagt
suchst du die Vergangenheit immer noch im jetzt.

Der Herr der Macht

Er schaut dich an
wartend
abwartend
Furcht erregend
findet Halt in deinem Kopf.
Irgendwann fallen sie über dich her
Gedanken
Gefühle.
Unsichtbare Fesseln zerreißen nicht!
In der Dämmerung des Morgens
senkst du den Kopf
und folgst.

Hoffnung

Die Brüste schön
doch ohne Nahrung für die Kinder dieser Zeit.
Zu krank ist sie
ein Opfer neuer Götter.
Ausgeliefert denen
die sich der Mensch einst selbst erschuf
und die ihn jetzt vernichten.
Die Hoffnung stirbt viel früher als gedacht.

Verlassen

Benutzt und ausgepresst
nützt dir jetzt kein Verzweiflungsschrei
kein Fleh 'n.
Am Boden musst du kauern Menschenkind
bis schneller Tod zur Gnade wird.
Eli Eli lema sabachtani?
Doch Gott war längst schon über alle Berge.
Was übrigblieb war nicht beseelt
so packte selbst der Teufel seinen Kram und ging

Eli Eli lema sabachtani
(mein Gott, mein Gott warum hast du mich verlassen?)

Nacht und Tag

So wie der Himmel und das Meer
die Farben und das Licht
der Mensch und diese Erde
nur miteinander leben können
weil einer nicht ohne den andren will
so sind auch Nacht und Tag
nur stark und sanft, weil sie das Ganze bilden.
Der Zauber ihrer Liebe ein kurzer Reigen bloß
doch jede Dämmerung lässt ihn uns spüren.

Prinzessin der Zeit

Einst Prinzessin
mit Himmelbett aus Träumen
alles nur für dich
musstest du fallen
tief und tiefer
durch die Räume deines Lebens
die dir nicht selbst gehörten.
Nie hättest du gedacht
ach, hättest du es irgendwann wenigstens versucht.
Jetzt ganz unten
wird der Keller zum Gefängnis.
Alles, was du fühlst und siehst
ist von nun an ganz alleine dir

Fragment zu Joseph Beuys

Der Mensch vernichtet sein Leben
seine äußeren Organe
da er Tiere tötet
weil er Pflanzen tötet.
Er tötet die Erde, die ihn ernährt.
Alles dem er entsprungen tötet er
und wundern sich, dass er nicht lebt?
Doch Mensch ist mehr
Mensch ist Kunst
Er trägt sie
gestaltet sie
schenkt ihr seine Kraft
auf das sie entsteht
die Kreativität.
Kunst ist Mensch
unter ihm steht keiner
und über ihm nur die Engel

Gedanken

Gedanken schweifen durch den Raum
so dicht
man kann sie sehen
fast hör´n.
Sie ecken an
stoßen sich ab
der Schwerkraft enthoben
doch nicht ihrem Sinn.
Sie formen und wandeln den der sie fängt
ohne Rast ohne Ruh
weiter weiter!
Zermartern das Hirn
und rauben den Schlaf.
Treiben ihr Spiel
auf, dass auch der Wahnsinn ihnen verfällt.
Gedankenlos lass ich sie kreisen
genieße das pure Sein

Du

Manchmal ist es ganz still
dann sind sie plötzlich da.
Gedanken
Worthülsen unbedeutender Sprachgefechte
und Erinnerung.
Sie glüht als Falten eingebrannt in mein Gesicht.
Wieso du
ich hielt dich doch so fest im Arm.
Der Tod
warum nahm er nicht mich?
In dieser Nacht
mit deinem letzten Atemzug
starb alles, was mein Herz jemals berührte.

Boote

Der Ozean war tief und dunkel
das Wasser kalt und unbarmherzig.
Wer wusste schon
wie schwer es wird ihn zu bereisen.
Du kanntest lange nur den Strand
Melancholie zur Nacht
und kühle Brise früh am Morgen
die lächeln ließ und Hoffnung schenkte.

Aus Muscheln bautest du ein Boot.
Fünf Stücke Treibholz war die Mannschaft
die Freiheit rief
jedoch beim ersten Wellenschlag ertrank.
Du warst zu klein es zu versteh´n
Bedeutungen sind etwas für die Großen.

Das zweite Boot aus Balsaholz
doch viel zu leicht.
Der Wind der alte Spieler
ließ es nicht einmal weg vom Land.
Du gabst nicht auf
und spürtest nicht die Zeit
die Jahr für Jahr dir deine Kräfte nahm.

Längst waren alle Freunde fort
zerfressen von den Sorgen
die eigentlich nicht ihre waren
gezwungen
ausgenutzt
im Netz von Macht und Gier gefangen
enttäuscht von sich
ganz leise
einsam irgendwo gestorben.

Die Boote die du bautest
konnten das Meer niemals bezwingen
jedoch
war es nie dein Verlangen dass sie´s taten.
Was du vom Leben hast gewollt
hast du gefühlt gelebt.

Mutter Erdes Kind

Wohin des Wegs
Mutter Erdes Kind
suchst Du den Stein der Weisheit?
Du findest ihn
hab keine Angst
er liegt auf jedem deiner Pfade.
Du darfst dich nur nicht fangen lassen
von Hoffnungslosigkeit und List.
Verharre nicht in Trauer
geh durch sie durch
Sei stark wie Dunkelheit und Licht zusammen
Und pflanze Bäume der Erkenntnis
wieder
immer wieder
so lange bis sie Früchte tragen.

Fantasie

Wenn zwischen Traum und Wirklichkeit
das Licht erlischt
bleibt nur die Fantasie
die es nicht scheut
auch dunkle Wege zu beschreiten.
Ist sie der Schein
geboren aus dem Geist der Ewigkeit
dann wäre sie unsterblich
und in der schweren Zeit, wenn dich der Tod berührt
vielleicht dein einzig wahrer Freund

Ungestillte Gier

Je weißer der Schnee
desto leerer das Land.
Wenn es Frieden gäbe
dann hier
doch verwischt sind alle Grenzen.
Es gibt kein Gut und Böse mehr
kein Teufel und kein Gott
Selbst Ozean und Himmel vermischen sich am Horizont.
Den Regeln enthoben
fordern auch Eulen Freiheit
fliegen los bei Tag
und zerschellen an Mauern.
Ohne Wächterin ihrer Träume
sind die Menschen verloren.

Sturm

Seit Tagen wütet dieses Tief
es ist ein Sturm der Leiden schafft.
Kein Mond schenkt heute Hoffnung.
Selbst Wölfe schweigen sich durch Finsternis.
Wer jetzt kein sich´res Lager hat der ist verlor´n.
Der Wind er braust durch kahle Äste
Gespenstergleicher Bäume.
Weit draußen auf dem Meer entsteh´n seine Geschichten
die er in sternenloser kalter Nacht dem Land erzählt.

Die Amsel

Nun ist er wieder da
der Vogel
der täglich deinen Namen ruft
zum Morgen und am Abend.
Wie Liebe
die uns sanft umschließt, ohne zu fesseln
umarmt Erinnerung an dich mir jeden neuen Tag.
Ganz oben sitzt der kleine Kerl
im höchsten Ast von jenem Baum
den du einst Mutter Erde hast geschenkt.
Er singt sein Lied
bestrahlt vom ersten Sonnenschein nach kurzer Nacht.
Wer seine Melodie versteht
der lächelt sanft hin zur Unendlichkeit.
Du musst der Vogel sein
ich weiß und fühle es ganz tief in mir.
Dein Leben war genauso leicht wie sein Gesang.
Dein Tod jedoch war grausam.
Ich frag´ mich jeden Tag
warum.

Frieden lebt

Frieden muss man führen
denn er fordert Taten!
Wäre er beschwingt und zart
gleich jenem Schmetterling im Frühling
der Lächeln schenkt und Leichtigkeit
er wäre längst das Herz der Welt.
Doch
Frieden muss man führen!
Er fordert Taten!

Allein

Menschen vergessend
inmitten von Masken.
Allein
ein Stück Himmel
lässt atmen
lächeln
bleibt Wolken verhangen.
Flieh
wie ein Fuchs gejagt von der Meute!
Lauf um dein kleines leises Leben!
Verlasse die Stadt!
Vergiss mich
und lerne noch einmal zu lieben.

Schwarzer Sand

Wenn Dichter Abschiedsworte schreiben
der Maler vor dem letzten seiner Werke
zu Boden sinkt und weint
der Dirigent verzweifelt neuen Tönen lauschen muss
und Köche auf ganz kleiner Flamme nur düst´re Suppen
zubereiten
dann ist es schon zu spät zu flieh´n.
Riechst du das Feuer
spürst du wie Angst dir deine Kehle schnürt?
Von Gottes Schöpfung bleibt nichts mehr
als schwarzer Sand.

Erster Schnee

Erster Schnee auf letzten Blumen
erste Tränen auf dein Grab
die Zeit steht seither still.
Und plötzlich ist er da
dein Duft.
Du musst nicht gläubig sein
der Hahn sucht den Morgen nicht, weil er glaubt.
Überwinde die Verzweiflung!
Die Menschen sind nicht schlechter geworden!
Baue ein Bett und schlafe darin.
Freiheit heißt
auf Dinge zu verzichten.

Die Maus

Hinter verschlossene Türen
fällt fahles Licht durch verstaubte Fenster
entweicht verbrauchte Luft.
Mehr braucht sie nicht
die Angst.
Eine Maus stolziert durch den Raum.
Hier ist sie Gott!

Wie schön

Wie schön sie ist
die Welt in dieser Zeit
die Engel haben Sternenstaub gestreut.
Doch schwer sind sie geworden
uns´re Träume.
Nächte dunkler als sie jemals waren
und auch am Tag
kein Blick hin zur Unendlichkeit.
Leise die Klagen
nicht einmal mehr die Kirchenväter spenden Trost,
zu viel Leid lässt verstummen.
Leere!
Ausgeräumte Herzen
schlagen im Rhythmus der Macht
gleichgültig
monoton
so lang´ bis sie zerbrechen.
Parolenschreie hinter Masken
Du hast dich selbst als Opfer auserkoren
irgendwo.

Mea culpa

Mea culpa
alles mein!
Die Lügen
Intrigen
die Macht und der Hohn.
Mea culpa
alles mein
für euch bleiben abgenagte Knochen!
Beißt Euch daran die Zähne aus
auf, dass ihr zahm werdet
wie die Kälber
die ihrem Schlächter die Hände lecken
bevor ihr Blut an gekachelte Wände spritzt.
Fallt auf die Knie
betet zum Mammon und zu den Herrschern der Welt
deren goldenen Kutschen über Leichen fahren
während ihre Lippen hinter getönten Fensterscheiben
die Worte formen:
Omnium vestrum erit flagitium
Sodann begreift euren Irrtum!

Omnium vestum erit flagitium
(Die Schuld liegt bei Ihnen)

Einer Mutter gleich
die sanft ihr Kind zum Schlafe wiegt
so trägt sie dich.
Umhüllt
beschützt
entführt an Orte und zu Wesen
die deine Fantasie dir formt.
Hier bist du Herrscher Freund und weise
und noch so vieles mehr.
Ach, würden sie doch nie zu Ende geh´n
die Stunden dieses heilenden Geschenks.
Nur dir allein gehör´n die dunklen Zeiten
in denen du es spürst
dass Nacht und Tod Geschwister sind
so wie das Lachen Bruder ist vom Tag.

Wie schön sie sind
die Mauern deiner Welt
So viele Jahre harte Arbeit
Stein auf Stein
Nun kennst du selbst nicht mehr den Weg hinaus
Irrst umher
Wandelst dich
Richtest den Blick zu den Sonnenstrahlen
die berühren
dich berühren
Doch niemand kann es seh´n
Großes wolltest du erbauen
Geschaffen hast du ein Gefängnis der Angst
deiner Angst
Wenn es doch jetzt nur ein außen gäbe
Ein draußen was nach innen drängte
durch den Wall
zu dir
zu deiner Einsamkeit

Voller Hingabe

Und so schufen wir Maschinen
und ließen Tiere leiden.
Versuchslabore unserer Eitelkeit.
Wie schön wir jetzt sind!
Gesalbt und gepudert
edel und rein
verlockend duftend begehrlich
den Jungfrauen gleich.
Nur die Scham wächst.
Also schäme dich!
Verkrampfe die Zehen
aus Furcht jemand könnte die Nacktheit durchschauen.
Die Lüge
dass du bereust
die Fülle deiner miesen Taten

So vieles hat sich verändert!
Ich habe den Standpunkt verloren!
Plötzlich war er weg!
Ich bemerkte es nicht einmal als er verschwand!
Irgendwann spürte ich es
ignorierte es
versteckt hinter einer Maske.
So lief ich durch meine Stadt
die ihr Gesicht verloren hatte
weil die Menschen sich verloren hatten
sich nicht mehr fanden
weil sie sich nicht mehr suchten.
Zwischen Irren und Menschlichkeit
leuchtet mir das Kreuz
und ich besann mich eines größeren.
Als ich die Kapelle betrat
lächelte Maria
Und ich spürte bald ist Weihnachten.